UN LUGAR PARA LAS MARIPOSAS

For Colin, Claire, and Caroline

—M. S.

For my new grandchild,
Andrew Jordan Bond:
welcome to the world!

—H. B.

Publicado por
PEACHTREE PUBLISHING COMPANY INC.
1700 Chattahoochee Avenue
Atlanta, Georgia 30318-2112
PeachtreeBooks.com

Traducción: Hercilia Mendizabal Frers
Diseño del libro: Loraine M. Joyner
Las ilustraciones fueron creadas con acrílicos
sobre cartón de ilustración prensado en frío.

Impreso en agosto de 2023 por Leo Paper, Heshan, China
10 9 8 7 6 5 4 3 2 1 (rústica)
ISBN: 978-1-68263-546-9

Los datos de catalogación y publicación se pueden
obtener de la Biblioteca del Congreso.

UN LUGAR PARA LAS MARIPOSAS

Melissa Stewart

Ilustrado por
Higgins Bond

PEACHTREE
ATLANTA

Las mariposas llenan nuestro mundo de belleza y elegancia. Pero, a veces, las personas hacen cosas que les dificultan vivir y crecer.

Si trabajamos juntos para ayudar a estos maravillosos insectos, siempre habrá un lugar para las mariposas.

La vida de una mariposa

A medida que crecen, las mariposas atraviesan varias etapas. La mariposa hembra deposita sus huevos sobre plantas. Al romperse el huevo, sale una oruga. Luego de varias semanas de comer sin parar, la oruga se transforma en pupa. La pupa está rodeada por un cascarón duro llamado crisálida. Cuando la crisálida se abre, llega al mundo una mariposa adulta con alas.

huevo

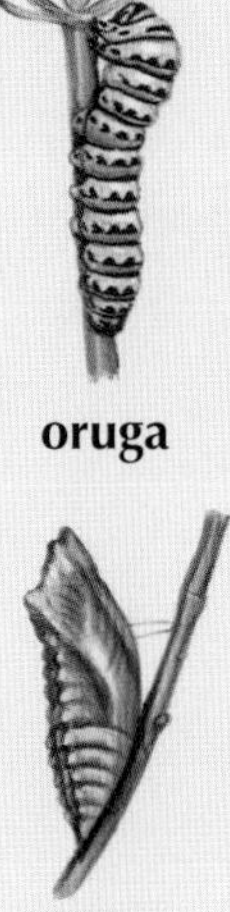

adulto – mariposa cometa negra *Papilio polyxenes*

Como todo ser vivo, las mariposas necesitan comer ciertos tipos de alimento. Muchas mariposas adultas se alimentan del néctar de las flores.

MARIPOSA COMETA ORIENTAL
Papilio glaucus

¿Alguna vez has visto a una mariposa cometa oriental aleteando por un jardín de flores silvestres o posada sobre un manzano? Estas mariposas se pasan el día entero sorbiendo néctar dulce. Las lilas, las flores del manzano y las flores de los cerezos silvestres están entre sus flores favoritas. Cuando la gente planta árboles y otras plantas con flores en sus jardines, abunda el alimento para estas mariposas.

Cuando la gente planta un jardín en su casa, las mariposas pueden vivir y crecer.

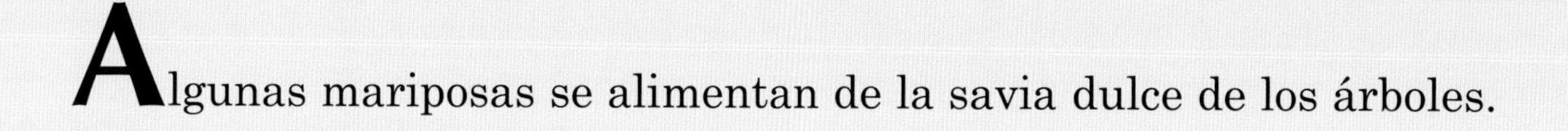

Algunas mariposas se alimentan de la savia dulce de los árboles.

Cuando la gente se esfuerza para proteger los bosques, las mariposas pueden vivir y crecer.

Mariposa velo de duelo
Nymphalis antiopa

La mayoría de las mariposas se alimentan de néctar, pero las velo de duelo sorben savia de árboles y jugos de frutas en descomposición. Cuando se destruyen zonas boscosas para liberar espacio para casas y otras edificaciones, a las velo de duelo se les dificulta sobrevivir. Si la gente protege y conserva los bosques, estas mariposas tendrán un lugar donde vivir y comida para alimentarse.

Muchas orugas comen solamente un tipo de planta. Algunas orugas dependen de las plantas que crecen en zonas incendiadas.

Plebejus melissa samuelis

Los humanos pensamos que los incendios, los tornados y los huracanes son peligrosos y destructivos, pero las orugas de esta mariposa azul dependen de esos desastres naturales. Esas orugas solo comen lupino azul silvestre, una planta que crece mejor en zonas donde se han incendiado o han caído otras plantas. En la reserva Albany Pine Bush de Nueva York, la gente produce incendios con mucho cuidado para así crear el hábitat perfecto para estas mariposas. Gracias a su gran trabajo, la población de mariposas está aumentando.

Cuando la gente deja que ocurran algunos incendios forestales naturales, las mariposas pueden vivir y crecer.

Algunas orugas dependen de plantas que crecen en zonas con mucha agua.

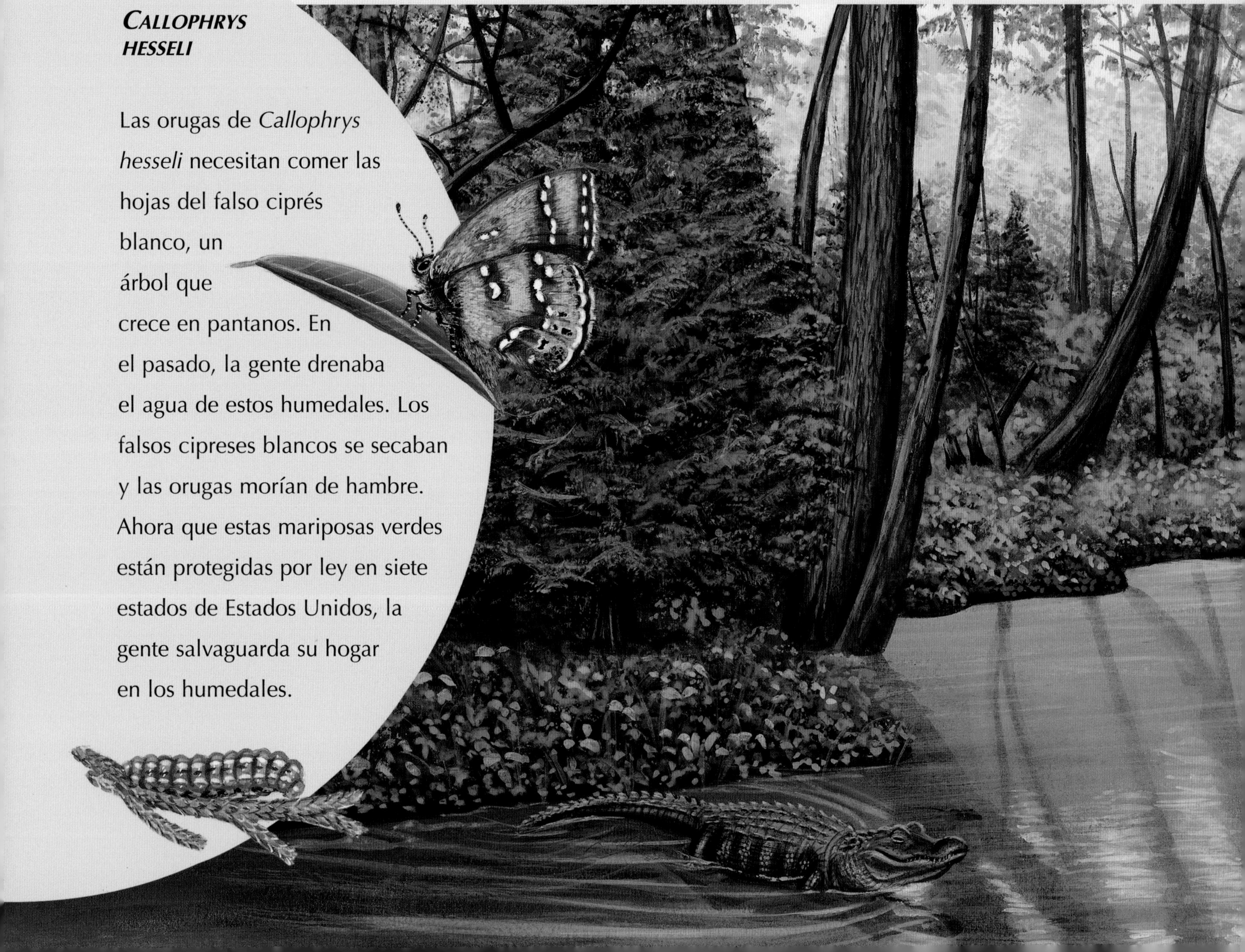

Callophrys hesseli

Las orugas de *Callophrys hesseli* necesitan comer las hojas del falso ciprés blanco, un árbol que crece en pantanos. En el pasado, la gente drenaba el agua de estos humedales. Los falsos cipreses blancos se secaban y las orugas morían de hambre. Ahora que estas mariposas verdes están protegidas por ley en siete estados de Estados Unidos, la gente salvaguarda su hogar en los humedales.

Cuando la gente protege los pantanos y las ciénagas, las mariposas pueden vivir y crecer.

Algunas orugas dependen de plantas que son venenosas para el ganado y las ovejas.

Cuando los granjeros permiten que estas plantas crezcan en los campos en los que no pastan sus animales, las mariposas pueden vivir y crecer.

MARIPOSA MONARCA
Danaus plexippus

Las mariposas monarca hembras siempre ponen sus huevos en plantas de algodoncillo. Es el único alimento que pueden comer sus orugas. Pero el algodoncillo puede causar un terrible dolor de estómago a vacas y ovejas. Para que no se enfermen sus animales, los granjeros acaban con esta planta. Pero si la dejan crecer en donde no pasta su ganado, las mariposas monarca podrán poner sus huevos ahí.

Algunas orugas dependen de plantas que atacan a los árboles que se usan para hacer papel.

CALLOPHRYS SPINETORUM

Las orugas de *Callophrys spinetorum* se alimentan de muérdago enano, una planta que inserta en los árboles unas protuberancias similares a raíces y les roba el agua y el alimento, y a menudo ataca a los grandes árboles de hoja perenne que crecen en bosques del oeste de Estados Unidos.

Durante muchos años, los guardabosques eliminaron el muérdago porque dañaba los árboles que se usan para producir papel y demás productos de madera. Pero ahora lo están dejando crecer para que provea alimento y resguardo a las orugas de estas mariposas y otras criaturas del bosque.

Cuando la gente deja de destruir plantas como el muérdago enano, las mariposas pueden vivir y crecer.

Las mariposas necesitan mucho más que alimento para sobrevivir. También necesitan estar sanas y salvas. Algunas mariposas son tan hermosas que a la gente le gusta atraparlas y quedarse con ellas.

Cuando las leyes prohíben que la gente coleccione estos maravillosos insectos, las mariposas pueden vivir y crecer.

NEONYMPHA MITCHELLII

Como las *Neonympha mitchellii* son tan bellas, hay mucha gente que quiere sumarlas a su colección de mariposas. En 1992 se incluyó a estos pequeños insectos de alas rojas en la lista de especies en peligro de extinción. Ahora es ilegal atraparlas y quedarse con ellas. En Michigan, la gente se está esforzando mucho para salvar a estas mariposas y las zonas donde viven.

A algunas mariposas les hacen mucho daño las sustancias químicas utilizadas para eliminar a otros insectos.

MARIPOSA COMETA CARIBEÑA
Heraclides aristodemus ponceanus

En el sur de Florida, durante el verano, los cielos se llenan de gigantescas nubes de mosquitos. Cuando se comenzó a rociar insecticida para eliminar a los mosquitos, disminuyó la cantidad de mariposas cometa caribeña. A partir de 1991 se detuvo la fumigación en las áreas donde viven estas mariposas, que aún siguen en peligro, pero los científicos esperan que sobrevivan.

Cuando la gente deja de usar insecticidas o los rocía con mucho cuidado, las mariposas pueden vivir y crecer.

A algunas mariposas les cuesta sobrevivir cuando las zonas en las que viven las ocupan plantas invasoras.

Cuando la gente elige plantas nativas para sus jardines, las mariposas pueden vivir y crecer.

SPERYERIA ZERENE HIPPOLYTA

La retama negra es una planta que crece naturalmente en Gran Bretaña, pero como tiene flores amarillas bonitas y crece con facilidad, la gente de la costa noroeste de Estados Unidos la plantó en sus jardines. Con el paso del tiempo, la retama negra desplazó a las plantas de las que se alimentan estas mariposas moteadas, y se vieron en dificultades para sobrevivir. Hace poco, los zoológicos de Oregón y Washington lanzaron un programa para reemplazar la retama negra con plantas nativas y estas mariposas están empezando a resurgir.

A las mariposas se les dificulta sobrevivir cuando se destruye su hábitat natural.

CHLOSYNE HARRISII

Hasta hace poco, Nueva Inglaterra estaba cubierta de pequeñas granjas familiares, pero ahora la gente está construyendo casas y centros comerciales sobre esa tierra.

En Worcester, Massachusetts, los trabajadores de la compañía eléctrica local a menudo veían a estas bellas mariposas revolotear por las franjas de pasto debajo de las líneas eléctricas. Así que preguntaron a los científicos cuándo podían cortar el pasto sin dañar los huevos de mariposa o a las orugas. Ahora estas mariposas pueden pasar toda su vida en esos lugares cubiertos de pasto.

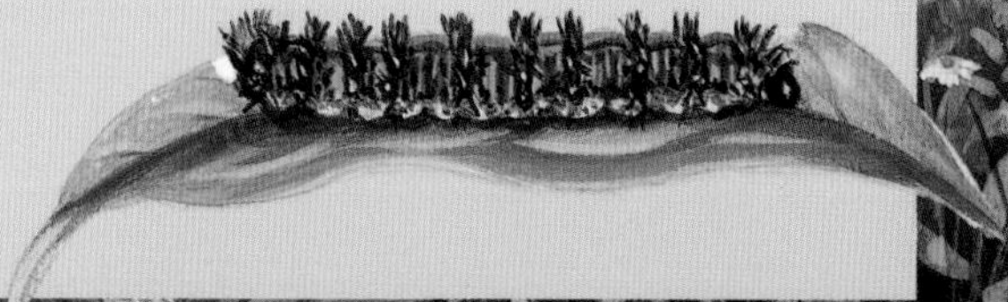

Muchas mariposas solo pueden vivir en campo abierto. Cuando la gente crea nuevas praderas, las mariposas pueden vivir y crecer.

Algunas mariposas solo pueden sobrevivir en matorrales en la arena cerca del mar.

Cuando la gente trabaja para restaurar estas áreas silvestres, las mariposas pueden vivir y crecer.

GLAUCOPSYCHE LYGDAMUS PALOSVERDESENSIS

En la década de 1980, en un pueblo de California se construyó un campo de béisbol, y en ese lugar habitaba el último grupo de estas mariposas del que se tenía registro. Los científicos creían que el pequeño insecto había desaparecido para siempre. Pero en 1994 se avistó un par en una base naval de la zona. Muchas personas bondadosas ayudaron a plantar girasoles para las adultas y escoba de horno para las orugas. Ahora la población de estas mariposas va en aumento.

Cuando mueren demasiadas mariposas, otros seres vivos también podrían tener dificultades para sobrevivir.

Las plantas necesitan a las mariposas

Cuando una mariposa se alimenta del néctar de las flores, queda recubierta de polen. Al volar a otra flor, el polen viaja con ella. En la próxima parada, cae un poco de polen del cuerpo de la mariposa y aterriza en la nueva flor. Luego, la planta puede utilizar material del polen para producir semillas que se convertirán en plantas nuevas. Las mariposas y las polillas polinizan más plantas que cualquier otro insecto, a excepción de las abejas. Sin las mariposas, algunas plantas con flor podrían desaparecer del planeta para siempre.

Por eso es tan importante proteger a las mariposas y los lugares en los que habitan.

Otros animales necesitan a las mariposas

Las mariposas son una parte importante de la cadena alimenticia. Las orugas rara vez devoran suficientes hojas como para matar una planta. A medida que las orugas comen, su excremento cae al suelo y agrega nutrientes a la tierra. Tanto las orugas como las crisálidas son una buena fuente de alimento para otros insectos y para ratones, zarigüeyas, zorrillos, pájaros y sapos. A las mariposas adultas en general se las comen las arañas, las libélulas y las mantis religiosas. Sin las mariposas, morirían de hambre muchas otras criaturas.

Las mariposas han vivido en la Tierra durante 140 millones de años.

Plantar un jardín para mariposas

Si cada vecindario tuviera uno o dos jardines para mariposas, muchas más mariposas tendrían todo lo que necesitan para sobrevivir. Hay muchísimos libros excelentes que pueden ayudarte a plantar un jardín para mariposas. Para empezar, vas a necesitar una fuente de agua y una variedad de plantas que florezcan en la primavera, el verano y el principio del otoño. Pregúntales a los trabajadores en algún vivero de tu localidad qué plantas les gustan más a las mariposas de tu zona.

La gente hace ciertas cosas que dañan a las mariposas. Pero hay muchas maneras en las que tú puedes ayudar a que estos insectos maravillosos vivan por mucho tiempo más.

AYUDA A LAS MARIPOSAS

- No atrapes mariposas ni te quedes con ellas.
- No fumigues con sustancias que puedan dañar a las mariposas.
- Únete a un grupo de personas que lleve un registro de las mariposas en tu zona.
- Escribe un artículo sobre las mariposas para el periódico de tu escuela.
- Planta un jardín para mariposas en tu casa o en tu vecindario.

Datos sobre las mariposas

- Nadie sabe exactamente cuántos tipos de mariposas habitan el planeta Tierra. Hasta la fecha, los científicos han descubierto más de 18 000 especies diferentes. En Norteamérica viven alrededor de 750 tipos de mariposas.

- La mariposa alas de pájaro de la reina Alexandra es la mariposa más grande del mundo. Sus alas miden, de una punta a otra, más que una página de este libro. Pero la pequeña mariposa azul pigmea mide aproximadamente lo mismo que la uña de tu dedo pulgar.
- La mayoría de las mariposas adultas vive menos de dos semanas, pero las monarca y las velo de duelo pueden vivir hasta diez meses.

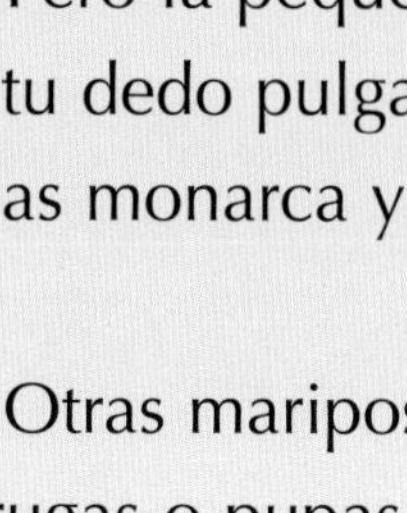

- Algunas mariposas adultas migran cuando empiezan los días más fríos. Otras mariposas adultas hibernan. Muchas mariposas pasan el invierno como huevos, orugas o pupas.
- Las mariposas recurren a todo tipo de trucos para protegerse de sus enemigos. ¿Sabes por qué la mayoría de los depredadores no se acercan a las orugas de la mariposa cometa oriental? Porque su cuerpo parece excremento de pájaro.

Bibliografía selecta (en inglés)

Aston, Dianna Hutts. A Butterfly Is Patient. San Francisco: Chronicle Books, 2011.*

Opler, Paul. Peterson First Guide to Butterflies and Moths. Boston: Houghton Mifflin, 1998.*

Sayre, April Pulley. Touch a Butterfly: Wildlife Gardening with Kids. Boston: Shambala Publications, 2013.*

Schappert, Phil. A World for Butterflies: Their Lives, Behavior, and Future. Richmond Hill, Ontario, Canadá: Firefly Books, 2000.

Simon, Seymour. Butterflies. Nueva York: HarperCollins, 2011.*

Stewart, Melissa. How Does a Caterpillar Become a Butterfly? And Other Questions About Butterflies. Nueva York: Sterling, 2014.*

Wright, Amy Bartlett. Peterson First Guide to Caterpillars of North America. Boston: Houghton Mifflin, 1998. *

* Recomendaciones para jóvenes exploradores

Sitios web (en inglés)

North American Butterfly Association: http://naba.org/

Una esperanza para especies de mariposas en peligro de extinción: https://www.nationalgeographic.com/animals/article/130610-butterfly-endangered-species-insect-florida-nature-science-environment

Agradecimientos

La autora quisiera agradecer a Brian Cassie de la North American Butterfly Association, a Chris Leahy y Gail Howe de la Massachusetts Audubon Society y a David Wagner de la Universidad de Connecticut en Storrs por su ayuda con la conceptualización y la preparación del manuscrito. Thomas Emmel y Jaret Daniels de la Universidad de Florida en Gainesville y Rudi Mattoni de la Universidad de California en Los Ángeles dedicaron tiempo de sus atareados calendarios para conversar con la autora sobre las especies de mariposas en peligro de extinción que están estudiando.

El Servicio Geológico de Estados Unidos tuvo la gentileza de brindar datos sobre el alcance y el hábitat de todas las mariposas mencionadas en este libro.

El ilustrador agradece a Daniel Soyka Beran, Jaret Daniels, Michael Durham y el zoológico de Oregón, Paul Opler y Larry West, quienes proporcionaron fotografías para usar como referencia para muchas de las ilustraciones de este libro.